Rumi

DAS EINE LIED

Rumi

DAS EINE LIED

Gedichte zusammengestellt und übersetzt von
Christoph Engen nach den
Versionen von Coleman Barks

arbor

Arbor Verlag
Freiburg im Breisgau

Texte aus:
„The Essential Rumi“, Harper San Francisco
„The Soul of Rumi“, Harper San Francisco

Gedichte zusammengestellt und übersetzt von Christoph Engen nach den amerikanischen Versionen von Coleman Barks

4. Auflage 2024

Lektorat: Richard Reschika
Druck und Bindung: Memminger MedienCentrum Druckerei und Verlags-AG
Hergestellt von mediengenossen.de

Dieses Buch wurde auf 100 % Altpapier gedruckt und ist alterungsbeständig.
Weitere Informationen über unser Umweltengagement finden Sie unter www.arbor-verlag.de/umwelt.

www.arbor-verlag.de

ISBN 978-3-86781-158-3

INHALT

EINFÜHRUNG

Mevlana Dschelaluddin RUMI (1207 – 1273) wurde weltbekannt als der große Mystiker einer Liebe, die Raum und Zeit überwindet und weit darüber hinausströmt. Sein spiritueller Lehrer und Freund Shams von Täbriz, oft als „Der Fliegende" bezeichnet, führte ihn ein in diese Erfahrung und teilte sie mit ihm.

Rumis Gedichte in diesem Bändchen verweisen auf jenen Bereich unseres Inneren, in dem jede Idee von Trennung, Mangel oder Verlust aufgehoben ist. Dort ist Verhärtetes wieder in Fluss gekommen. Dort werden bedingungslose Liebe und Freude und Freiheit erfahren. Dort wird Leben als reine Musik erlebt.

Auch erhalten wir wertvolle Hinweise, wie wir dorthin gelangen können. Beispielsweise durch das wache Erkennen und Loslassen beschränkten und beschränkenden Denkens in uns. Oder durch die bewusste Öffnung für genau diesen jetzigen Augenblick. Oder durch die Vergebung.

Rumi muss diese Prinzipien in seinem Leben auch tatsächlich angewandt haben. Nur dadurch lässt sich die tiefe Inspiration für sein umfassendes, religionsübergreifendes dichterisches Werk erklären.

Bis heute unterstützen seine Gedichte und Schriften eine Vielzahl von Wahrheitssuchern weltweit und helfen ihnen dabei, die Musik der Seele und ihre tiefen Wahrheiten neu zu entdecken.

Auch wenn die hier vorliegenden Übertragungen lediglich Übersetzungen amerikanischer Interpretationen Rumis durch Coleman Barks sind, hoffe ich doch, dem Geist dieses großen Mystikers damit gerecht zu werden.

2007 hatte die UNESCO zum Rumi-Jahr ausgeschrieben, zur Feier seines 800. Geburtstags.

Christoph Engen, Mai 2015

BEGLEITWORTE

Rumis Werke bezeugen einen Gott, der kein rigider Himmelsdiktator ist, sondern sich vielmehr liebend in die Welt und in die Seele des Menschen hinein verströmt. Als Lyriker und Musiker weiß ich: Kunst (nicht wortklauberische Theologie) ist als Einziges ungenau und zugleich suggestiv genug, um das eigentlich Unfassbare erahnbar zu machen. Kein karges Brot der Buße und Selbstherabsetzung offenbart sich in diesen 800 Jahre alten Texten, sondern ein Wein, der ohne Kater trunken macht und in der Seele den Funken des Aufbruchs zurück zum eigenen Wesenskern entzündet.

Ich finde die Übertragungen Christoph Engens sehr ansprechend, berührend und poetisch. Sie vermitteln mir viel von der überbordenden Lebensfreude des großen Liebenden.

Konstantin Wecker

Die Welt braucht Rumi, der uns lehrte, dass Liebe Wissen benötigt und dass die Interpretation eines heiligen Textes richtig ist, wenn sie uns zu größerer Achtsamkeit inspiriert.

Kabir Helminski

FLÖTEN ZUM TANZEN

Wie schön, wenn Flöten zum Tanzen
die Straße herunterkommen. Die Erde glüht.
Im Hof ist der Tisch aufgestellt.

Heute Nacht trinken wir all diesen Wein*.
Es ist nämlich Frühling. Ja sicher.
Ein ganzes Meer schwillt an.
Wir sind wie Wolken darüber.
Oder Materie-Kleckse darin.
Der ganze Ozean scheint von innen zu leuchten.

Ich weiß schon, dass ich betrunken bin,
wenn ich mit diesem Meeres-Gerede anfange.

Würdest Du gerne sehen,
wie sich der Mond mit einem Wurf spalten lässt?

* Unter Wein versteht Rumi die strömende Liebe Gottes.

WACHS

Wenn ich Dich sehe und sehe, wie Du bist,
schließe ich die Augen vor allem anderen.
Für Dein Salomonssiegel
werde ich durch und durch Wachs.

Ich warte darauf, Licht zu sein.

Ich gebe die Meinungen auf – zu allem und jedem.
Ich werde zum Flötenrohr für Deinen Atemhauch.

Du warst mitten in meiner Hand,
doch ich hörte nicht auf mit der Sucherei.

Ich war mitten in Deiner Hand,
doch ich hörte nicht auf damit,
Schlafmützen Fragen zu stellen.

Wie unfassbar primitiv oder blau oder irre ich war,
in mein eigenes Haus zu schleichen und Geld zu stehlen,
über den Zaun zu klettern,
um an mein Gemüse zu kommen.

Aber Schluss damit!
Ich habe mich von der dummen Faust frei gemacht,
die mein innerstes Wesen
eingequetscht und verbogen hat.

Durch mich kommt das Universum.
Durch mich kommt das Licht der Sterne.
Ich bin die Mondsichel über dem Tor zum Fest.

BESEN-ARBEIT

Wenn jedes Herz einen privaten Weg
in den Freund hinein hätte wie diesen,
gäbe es auf der Spitze jedes Dorns eine Gartenbank.

Jeder Kummer würde zur Ausgelassenheit.
Flammenfarbige Seelen
würden sich übereinander freuen.

Der Blitz steht als Türsteher des Vollmonds da.
Wenn nicht, dann findet die Himmelsverschiebung
eben am Boden statt.

Könnten uns Beine, Füße und Flügel
zum Geliebten tragen,
jedes Atom würde zum Transportmittel.

Könnten alle sehen, was Liebe ist,
jeder richtete eine Zeltstange auf im Meer:
Die Weltbevölkerung wäre im Ozean untergebracht
und würde dort so leicht leben.

Was, wenn Du in jeder Träne eines Liebenden
das Gesicht des Freundes sehen würdest –
Mohammed, Jesus, Buddha, Shams von Täbriz*,
diesen unmöglich-möglichen Philosophen,
diesen glasdiamantenen Einen?

Ein Freundschaftsfeuer löst Trennungen auf,
Gestern und Morgen fallen in eins.

Fege weiter den Boden.

* Shams von Täbriz war der große spirituelle Lehrer und Freund Rumis, ein einfacher wandernder Derwisch.

WO NIE VERLUST IST

Ein großer Scheich hat zwei Söhne verloren,
aber er weint nicht.

Seine Familie und seine Frau wundern sich
über dieses Fehlen von Traurigkeit.

„Glaubt nicht, dass ich kalt oder lieblos bin.
Ich weine nicht, denn für mich sind sie nicht fort.

Mein Herzensauge sieht sie ganz deutlich.
Sie sind außerhalb der Zeit, aber sehr nah.
Sie spielen und kommen mich umarmen.

Wie Menschen manchmal im Traum
tote Verwandte sehen,
so sehe ich meine Söhne
auch ständig in diesem Wachzustand.

Und noch viel näher erfahre ich sie,
wenn ich mich kurz vor der Welt verberge,
wenn ich die Blätter der Sinneswahrnehmung
von meinem Wesensbaum abfallen lasse.

Wenn ich weine, dann über Seelen,
die undankbar sind.
Ich weine, wenn Jungs nach Hunden Steine werfen.
Ich weine über Hunde, die grundlos beißen.

Vergebt die Schäden, die Leute anrichten.
Wir sind hier, um Vergebungstüren zu sein,
durch die die Freiheit strömt.

Ich weine, wenn ich darum bitte,
diese Türen nicht zu verschließen."

Manche befassen sich mit persönlichem Erbarmen,
manche mit universeller Gnade.

Versucht es und lasst diese sich verbinden.
Früher oder später
erreicht das Wasser der Tümpel das Meer.

Der eine Heilige bleibt und arbeitet
in den Seen persönlichen Daseins,
der andere spielt ohne Grenzen im Ozean.

WARUM DU VERGESSEN HAST

Du kommst aus einem Land jenseits des Universums,
glaubst aber, dass Du aus Erde und Asche bist.

Überall meißelst Du dieses Körperbild ein –
als Zeichen, dass Du vergessen hast, woher Du kommst.

WAS IST MEHR WERT?

Was ist mehr wert, eine Menge von Tausenden
oder Dein eigenes unverfälschtes Alleinsein?
Freiheit oder die Macht über ein ganzes Land?

Eine kleine Weile alleine in Deinem Zimmer
wird sich als kostbarer offenbaren als alles andere,
was Dir je geschenkt werden könnte.

DER CLEVERSTE TRICK

Keine Liebe ist besser als jene ohne Objekt.
Keine Arbeit ist besser als die ohne Absicht.
Wenn Du Tricks und Cleverness aufgeben könntest –
das wäre der cleverste Trick!

SALOMONS SCHIEFE KRONE

Salomon war emsig dabei, andere zu verurteilen,
während es in Wirklichkeit nur seine Gedanken waren,
die das ganze Gemeinwesen durcheinanderbrachten.

Die Krone rutschte ihm schräg über den Kopf.
Er schob sie gerade, doch sie kippte wieder herab.
Achtmal passierte das.

Schließlich begann er,
mit dieser Kopfbedeckung zu sprechen:
„Warum kippst Du immer wieder
über meine Augen herunter?“

„Ich muss das tun.
Wenn Deine Macht an Mitgefühl verliert,
muss ich Dir zeigen, wie so etwas aussieht.“

Sofort erkannte Salomon
die Wahrheit in diesen Worten.
Er kniete nieder und betete um Vergebung.
Die Krone saß wieder gerade auf seinem Kopf.

Selbst die Weisheit von einem
wie Platon oder wie Salomon
kann wackelig werden und nichts mehr sehen.

Hör hin, wenn Dich Deine Krone erinnert,
was es ist, das Dich zu anderen kalt sein lässt,
während Du Deine Eigensucht hegst und pflegst.

DAS ERWACHEN DES WURMS

So kann sich ein Mensch verändern:

Da ist ein Wurm, der süchtig danach ist,
Traubenblätter zu fressen.

Plötzlich wacht er auf,
sag dazu Gnade, was immer,
etwas weckt ihn auf,
und er ist kein Wurm mehr.

Er ist der ganze Weinberg,
und auch der Obstgarten,
die Früchte, die Äste,
wachsende Weisheit und Freude,
die nicht mehr verschlingen müssen.

DIE VERWIRRENDE FREUDE DER LIEBE

Wenn Du willst, was die sichtbare Welt geben kann,
bist Du ein Angestellter.

Wenn Du die unsichtbare Welt willst,
lebst Du nicht Deine Wahrheit.

Beide Wünsche sind albern,
aber Dir wird schon vergeben, wenn Du vergisst,
dass das, was Du wirklich willst,
die verwirrende Freude der Liebe ist.

DER WEG DER LIEBE

Der Weg der Liebe
ist kein subtiles Argument.

Die Tür dorthin
ist die Zerstörung.

Vögel ziehen vor Freiheit
gewaltige Himmelskreise.
Wie lernen sie das?

Sie fallen und im Fall
erhalten sie Flügel.

HERZENSLÖWE

Du kommst in die Welt und bringst alle Wunder mit.
Der Klang Deiner donnernden Stimme macht uns so glücklich.

Brüll, Herzenslöwe,
öffne mich!

MOTTE UND KERZE

Du bist der Sohn des Königs.
Warum verschließt Du Dich?
Werde ein Liebender.

Versuche nicht, General zu sein
oder Staatsminister.
Das eine langweilt,
das andere ist ein Reinfall.

Warst Du nicht lange genug
ein Bild an der Badehauswand?
Erkennt Dich hier etwa jemand?
Der Löwe Gottes verkleidet als Mensch!

Als mir das klar wurde,
legte ich das Buch weg, in dem ich studierte.

Für uns gibt es kein Früh oder Spät,
der einzige Weg, einen Liebenden einzuschätzen,
ist die Herrlichkeit des Geliebten.
Beurteile die Motte an der Schönheit ihrer Kerze.

DER BAUM IN INDIEN

Ein Gelehrter sagte einmal, nur um etwas zu sagen:
„Es gibt einen Baum in Indien.
Wer die Frucht dieses Baumes isst,
wird niemals alt und stirbt auch nie."

Geschichten über „Den Baum" machten die Runde.
Schließlich schickte der König einen Gesandten los,
um in Indien nach dem Baum zu suchen.

Der Mann wurde ausgelacht.
Die Leute klatschten ihm auf den Rücken und riefen:
„Sir, wir wissen, wo Ihr Baum ist.
Er ist allerdings tief im Dschungel.
Und Sie werden auch eine Leiter brauchen."

Der Gesandte folgte all solchen Hinweisen,
jahrelang reiste und reiste er,
und dabei fühlte er sich wie ein Narr.

Gerade war er dabei, zum König zurückzukehren,
da traf er auf einen weisen Mann.

„Großer Lehrer, gebt mir einen freundlichen Rat
für die Suche nach diesem Baum."

„Mein Sohn, das ist kein üblicher Baum,
obwohl er so genannt worden ist.
Manchmal wird er auch ‚Sonne' genannt,
manchmal ‚Ozean', manchmal ‚Wolke'.

Diese Worte deuten auf jene Weisheit hin,
die durch einen wahren Menschen strömt.
Sie kann viele Wirkungen haben.
Ewiges Leben ist davon die gewöhnlichste.

Ebenso kann zwar eine Person Dein Vater sein,
aber sie ist auch der Sohn eines anderen
und der Neffe von noch jemand anderem.

Was Du also suchst, hat viele Namen und ein Wesen.
Suche nicht nach einem der Namen.
Beweg Dich außerhalb jeder Fixierung auf Namen.

Jeder Krieg und Konflikt unter Menschen entstand
wegen unterschiedlicher Meinungen über Namen.

Das ist alles so unnötig und dumm.

Denn gleich jenseits all dieser Streitereien
ist der lange Tisch der Gemeinschaft gedeckt
und wartet darauf, dass wir Platz nehmen."

SEI SCHMELZENDER SCHNEE

Du kommst, mich zu sehen,
total bewusst und ganz nebenbei.

Ich frage: „Ist jemand hier?“
Der Mond. Der Vollmond ist in Deinem Haus.

Meine Freunde und ich laufen auf die Straße hinaus.
Ich bin hier, kommt es aus dem Haus,
aber wir hören nicht hin.
Wir schauen zum Himmel hoch.
Meine Lieblingsnachtigall schluchzt im Garten
wie ein Betrunkener.
Ringeltauben flattern auseinander
und rufen leise: „Wo? Wo?“

Es ist Mitternacht.
Die ganze Nachbarschaft ist wach
und auf der Straße draußen.
Alle denken, ‚Der Katzendieb ist wieder da‘.
Unter ihnen ist auch der Dieb und sagt laut:
„Ja, der Katzendieb ist irgendwo hier.“
Niemand beachtet ihn.

Sehet, ich bin immer bei Euch,
bedeutet, wenn Du Gott suchst,
ist Gott im Blick Deiner Augen.
Mitten in dem Gedanken des Suchens.
Er ist Dir näher, als Du selbst,
oder Dinge, die Dir widerfahren sind.

Es ist nicht nötig, nach draußen zu gehen.

Sei schmelzender Schnee.
Wasch Dich von Dir selbst ab.

In der Stille wächst eine weiße Blume.
Lass Deine Zunge zu dieser Blume werden.

DAS LÖWEN-TATTOO

In Kaswin lässt man sich gerne, um Glück zu haben,
mit blauer Tinte tätowieren.
Auf Handrücken, Schultern, ganz gleich, wo.

Ein Mann von dort geht zu seinem Barbier
und möchte einen kraftvollen, heroischen
blauen Löwen auf sein Schulterblatt bekommen.
„Und mach ihn mit Fingerspitzengefühl!
Ich bin Aszendent Löwe. Ich will viel Blau!"

Doch sobald die Nadel zu stechen beginnt,
heult er auf: „Was machst Du da?"
„Den Löwen."

„Mit welchem Körperteil hast Du begonnen?"
„Mit dem Schwanz."
„Gut, dann lass den Schwanz weg.
Dieser Löwenhintern ist an einer schlechten Stelle.
Der raubt mir den Atem."

Der Barbier macht weiter,
und augenblicklich jault der Mann wieder auf:

„Oooooooh! Welches Körperteil war das jetzt?"
„Das Ohr."
„Lass uns einen Löwen ohne Ohren machen, Doktor."

Der Barbier schüttelt den Kopf, dann wieder die Nadel
und wieder das Gejammer: „Wo bist Du jetzt?"
„Beim Bauch."
„Also, ich hätte einen Löwen ohne Bauch lieber."

Lange Zeit steht der Meister-Löwenmacher da,
seine Finger zwischen den Zähnen.
Schließlich schmeißt er die Nadel hin.

„Niemand hat jemals so etwas verlangt!
Einen Löwen ohne Schwanz oder Kopf oder Bauch.
Nicht einmal Gott selbst könnte das!"

Bruder, halte den Schmerz aus.
Entrinne dem Gefängnis Deiner Impulse.
Der Himmel wird sich vor Deiner Schönheit verneigen,
wenn Du es tust.
Lerne, die Kerze entzünden.
Steh auf mit der Sonne.
Wende Dich von Deiner Schlafhöhle ab.

So dehnt sich ein Dorn aus zur Rose.
So leuchtet ein Einzelnes mit dem Universellen.

Was heißt denn „Preisen“?
Löse Dich auf.

Was heißt denn, etwas über Gott wissen?
Verbrenne in dieser Gegenwärtigkeit.
Verbrenne ganz.

Kupfer schmilzt in dem heilenden Elixier.
Also zerschmelze in der Substanz,
die das ganze Leben aufrechterhält.

Du ballst Deine Hände zusammen,
entschlossen, nicht damit aufzuhören,
„ich“ und „wir“ zu sagen.
Genau das ist es, was Dich blockiert.

UNGLAUBLICHE GROSSZÜGIGKEIT

Ich war tot, dann lebendig.
Ich weinte, dann lachte ich.

Die Macht der Liebe kam über mich,
und ich wurde wild wie ein Löwe,
dann zart wie der Abendstern.

Er sagte: „Du bist nicht verrückt genug.
Du gehörst nicht in dieses Haus."

Ich lief Amok und musste gefesselt werden.
Er sagte: „Immer noch nicht wild genug,
um bei uns zu bleiben!"

Ich durchbrach noch eine Schicht,
in überschwängliche Freude hinein.
Er sagte: „Das reicht nicht."

Ich starb.
Er sagte: „Du bist ein cleverer kleiner Mann,
voller Zweifel und Fantasie."

Ich rupfte mir die Federn aus und wurde ein Narr.

Er sagte: „Jetzt bist Du die Kerze
für diese Versammlung.“

Aber ich bin keine Kerze. Schau doch!
Ich bin nur zerstiebender Rauch.

Er sagte: „Du bist das Oberhaupt, der Führer.“
Aber ich bin kein Lehrer. Ich habe keine Macht.

Er sagte: „Du hast bereits Flügel.
Ich kann Dir keine geben.“

Aber ich wollte *seine* Flügel.
Ich fühlte mich wie ein Huhn, das nicht fliegen kann.

Dann sagten mir neue Geschehnisse:
„Beweg dich nicht. Unglaubliche Großzügigkeit
kommt auf Dich zu.“

Und die alte Liebe sagte: „Bleib bei mir.“
Ich sagte: „Das will ich.“

Du bist der Ursprung des Sonnenlichts,
ich bin ein Weideschatten am Boden.
Du verwandelst meine Zerlumptheit in Seide.

Bei Tagesanbruch ist die Seele
wie verdunkeltes Wasser,
das langsam beginnt, *danke, danke* zu sagen.

Dann wieder bei Sonnenuntergang.
Venus wird allmählich vom Mond abgelöst,
dann der vollständige Nachthimmel.

Das kommt, weil Dein Lächeln
mit Lächeln beantwortet wird.

Der Schachmeister sagt gar nichts
und bewegt nur die stille Schachfigur.

Dass ich ein Teil dieser Spielzüge bin,
macht mich unheimlich glücklich.

DER ALTE POET

Der Harfenspieler war alt geworden.
Seine Stimme klang brüchig und kraftlos
und ein paar seiner Harfensaiten waren gerissen.

Seine Poesie, die früher die Seele erfrischt hatte,
ist jetzt niemandem mehr etwas wert,
der Klang, den selbst die Venus bewundert hatte,
hört sich an wie das matte Iah eines Esels.

Was früher Falken einfing, jagt jetzt Mücken.
Alle schönen Dinge vergehen.
Welches Dach ist nicht eingefallen,
um zu dem zu werden, worauf wir gehen?

Nur die Stimme,
die man in der Brust innen hört, verklingt nicht.
Nur dieser Bernstein zieht alle Gedanken
und jede Kunst mit konstanter Kraft zu sich heran.

Der Dichter ist also schwächlich und arm geworden,
denn keiner will ihn mehr hören.
Er geht zum Friedhof und betet:

„Herr, Du akzeptierst doch immer Falschgeld von mir!
Nimm wieder diese Gebete an und gib mir genug,
damit ich neue Seidensaiten für meine Harfe bekomme."

Er spricht ein paar Zeilen mit den restlichen Saiten:
„Siebzig Jahre lang war ich vergesslich.
Aber nicht einen Moment lang
hat dieses Strömen zu mir her
aufgehört oder sich verlangsamt. Ich verdiene nichts.

Ich bin der Gast, von dem die Mystiker reden.
Diese lebendige Musik spiele ich für den Gastgeber.
Alles ist heute für meinen Gastgeber."

Dann legt er das Instrument wie ein Kissen unter
und schläft ein.
Da befreit sich sein Seelenvogel!

Frei von Körper und Kummer fliegt er
in einer gewaltigen, lichten Region, die er selbst ist,
und kann hier seine Wahrheit singen.

„Ich liebe es, keinen Kopf zu haben,
ohne Mund zu schmecken,
dieses Erinnern ohne Bedauern.

Wie ich in dieser endlos ausgebreiteten Weite
ohne Hände Rose und Basilikum sammle,
das ist meine Freude!“

So fällt dieser Wasservogel in seinen Ozean,
Hiobs Quelle heilt Hiob von all seinem Leid,
der pure Sonnenaufgang.

Würden selbst alle diese Gedichte
plötzlich zum Himmel,
sie enthielten nicht halb so viele Mysterien,
wie dieser Dichter in seinem Schlaf genießt.

Gäbe es einen klaren Weg dorthin,
niemand bliebe hier!

Zur gleichen Zeit hört Omar,
der in der Nähe ein Nickerchen macht,
wie ihm eine Stimme sagt:
„Gib dem Mann, der auf dem Friedhof schläft,
siebenhundert Gold-Dinar.“

Jeder, der diese Stimme hört, erkennt sie.
Sie spricht in jeder Sprache mit gleicher Autorität.

Omar rennt zu dem Friedhof,
um dieser Stimme Folge zu leisten,
doch niemand ist dort,
außer dem schlafenden alten Mann.

„Das ist sicher nicht Gottes Liebling!“
Wie ein Löwe auf Jagd, streift Omar weiter,
doch er findet nichts.
Es muss der zerlumpte Vagabund sein.

„Dieses verborgene Herz ist mir ein Rätsel!“
Omar setzt sich zu ihm und niest.

Der Dichter springt auf.
Er glaubt, dieser mächtige Mann
will ihn zur Rechenschaft ziehen.

„Nein. Bleib sitzen.
Ich muss Dir ein Geheimnis sagen.
In diesem Sack hier ist genug Gold,
für neue Seidensaiten für Deine Harfe.
Nimm es, kauf sie Dir und komm wieder her.“

Der alte Poet hört und fühlt die Großzügigkeit,
die eben sichtbar wird.

Er schluchzt los, dann wirft er die Harfe zu Boden
und zerbricht sie.

„Diese Lieder haben mich Atemzug um Atemzug
an die musikalischen Weisen Iraks erinnert
und an die Rhythmen von Persien.
All das hat mich abgelenkt,
während Karawane um Karawane aufbrach.

Meine Gedichte haben mich in mir selbst,
der ich doch Dein größtes Geschenk bin,
gefangen gehalten.
Ich gebe die jetzt wieder hin!"

Wenn Dir jemand Gold hinzählt,
schau nicht auf Deine Hände oder das Gold.
Schau auf den, der es gibt!

„Aber auch all diese Selbstbeschuldigung
ist doch nur eine weitere Form von Abgrenzung,
nur noch ein Knoten im Schilfrohr.

Die Vergangenheit zu erinnern
und die Zukunft vorwegzunehmen
hält dich nur in einem weiteren Zeitblock fest.

Durchbrich diese Zeit-Segmente.
Sei wieder hohl
und hab Löcher in Deinen Wänden,
damit sich Flötenmusik ereignen kann.
Lass Gottes Atem in Dich und durch Dich strömen.

Sei kein Sucher,
der sich in die Wichtigkeit seiner Suche hüllt.
Sprich Dich frei von Deiner Reumütigkeit!“

Das Herz des alten Mannes erwacht,
er ist nicht mehr verliebt in Oberstimme und Bass.
Ohne Weinen und ohne Lachen
löst sich seine Tier-Seele auf,
und diese andere Seele fängt an zu leben.

Buchstäblich fassungslos
gelangt er hinaus über alles Suchen,
hinaus über Worte und über Erzählungen,
ertrunken in Schönheit,
ertrunken über Befreiung hinaus.

KREISENDE STERNENNACHT

Im Moment, in dem diese Liebe kommt,
um in mir zu ruhen,
viele Wesen in einem Wesen.
In einem Weizenkorn tausend Garbenstapel.
Innen im Nadelöhr eine kreisende Sternennacht.

EINE GEMEINSCHAFT DES GEISTES

Es gibt eine Gemeinschaft des Geistes.
Schließ Dich der an und fühle das Entzücken,
auf der lärmenden Straße zu gehen
und all der Lärm *zu sein.*

Trink Deine Leidenschaft *ganz*
und sei eine Blamage.

Mach beide Augen zu
und schau mit dem anderen Auge.

Wenn Du gehalten werden willst,
öffne die Hände.

Komm und sitz in diesem Kreis.

Hör auf, Dich als Wolf zu gebärden.
Fühle, wie Dich die Liebe des Hirten erfüllt.

Dein Geliebter ist nachts unterwegs.
Akzeptiere kein Trostpflaster.

Verschließe den Mund gegen Nahrung.
Schmecke den Mund des Geliebten in Deinem.

Du stöhnst:
„Sie ist weg“, „Er hat mich verlassen“.
Zwanzig neue werden kommen.

Gib Deine Sorgen auf.
Denk daran, wer Gedanken erschaffen hat!

Warum bleibst Du im Gefängnis,
wenn doch die Tür so weit offen steht?

Bewege Dich außerhalb dieses Angstgewirrs.
Lebe in Stille.

Fließ weiter und weiter flussabwärts
in immer wachsenden Lebenskreisen.

WIE DAS MUSTER SCHÖNER WIRD

Wenn die Liebe selbst kommt, um Dich zu küssen,
schreck nicht zurück!

Wenn der König zur Jagd geht, lächelt der Wald.
Die ganze Gegend wird jetzt zum König,
die Akteure, die Beute, Schaulustige,
Bogen, Pfeil, Hand und Schuss.

Wie fühlt sich das an? Was letzte Nacht
Traum war, wird jetzt offenen Auges gesehen.

Wenn wir sterben und uns in Staub verwandeln,
wird jedes Teilchen zum Ganzen.

Hörst Du, wie ein Stäubchen-Wirbel
Gestalt annimmt? Meine Musik ist das.
Liebe, sanft und geduldig.

Der FREUND kam in die Existenz hinunter,
ist steckengeblieben und kann außerhalb davon
nicht mehr gesehen werden.

Manchmal machen wir Spinnennetze
aus Speichel und Rauch,
zerbrechliche Gedanken-Päckchen.

Überlass doch das Denken dem Einen,
der Intelligenz hervorgebracht hat.

Die Stille ist voller Beredsamkeit.
Hör mit dem Weben auf
und sieh,
wie das Muster von selbst schöner wird.

WO ALLES MUSIK IST

Bemühe Dich nicht, diese Lieder aufzuheben!
Auch wenn eines unserer Instrumente bricht,
das macht nichts.

Wir sind dorthin gefallen,
wo alles Musik ist.

Saitenmusik und Flötenklänge
steigen hoch in die Atmosphäre.

Auch wenn die ganze Weltenharfe verbrennt,
unsichtbare Instrumente werden weiterspielen.

Und sollte die Kerze flackern und ausgehen,
wir haben Zündstein und Funken.

Diese singende Kunst ist wie Meeresschaum.
Die zarten Bewegungen kommen von einer Perle
irgendwo unten am Meeresgrund.

Gedichte sprühen empor
und das Treibholz am Ufer sehnt sich nach ihnen.

Sie kommen aus einem
langsamen, machtvollen Urgrund,
den wir nicht sehen können.

Stopp jetzt die Worte.
Öffne das Fenster mitten in Deiner Brust
und lass die Seelen ein und aus fliegen.

DAS EINE LIED

Was gepriesen wird, ist Eines,
und auch alles Preisen ist eins.

Viele Krüge werden in ein enormes Becken gegossen.
Alle Religionen, all dieses Singen, Ein Lied.

Die Unterschiede sind nur Illusion und Eitelkeit.
Sonnenlicht sieht auf dieser Wand etwas anders aus
als auf jener Wand,
und auf der Wand hier sieht es ganz anders aus.
Dennoch ist und bleibt es ein Licht.

Diese Kleider und diese Raum-Zeit-Persönlichkeiten
haben wir von dem einem Licht ausgeborgt,
und indem wir preisen, gießen wir sie zurück.

DER MEDITIERENDE IM OBSTGARTEN

Ein Mann sitzt in einer Plantage,
üppige Obstbäume, pralle Reben.

Sein Kopf auf den Knien, die Augen geschlossen.
Sein Freund sagt:
„Warum diese mystische Versenkung,
wenn die Welt doch so schön ist, so eine Gnade?"

Er antwortet: „Dieses Außen bildet sich aus dem Innen.
Ich ziehe den Ursprung vor."

Natürliche Schönheit ist wie ein Ast,
der sich in einem Flüsschen spiegelt.
Da zittert er, dort nicht.

Die Ausdehnung in der Seele
ist wirklicher als Äste und ihre Spiegelbilder,
derentwegen wir lachen und froh oder traurig sind.

Fang den Duft des wirklichen Gartens ein.
Schmecke den Weinberg im Weinberg.

IN JEDER ZUFALLSBEGEGNUNG

In jedem Treffen,
in jeder Zufallsbegegnung auf der Straße
gibt es ein Leuchten, erstrahlt Eleganz.

Heute erkannte ich:
Diese juwelgleiche Schönheit ist die Präsenz.
Unsere Liebesverwirrtheit,
der Glanz,
in dem feuchter Lehm heller als Feuer wird.
Das ist der FREUND.

Ich betete: „Gibt es denn einen Weg
in Dich hinein, eine Leiter?“

„Dein Kopf ist die Leiter. Bring ihn unter Deine Füße.“
Der Geist, diese Himmelskugel an Wahrnehmung,
ist ein Sternenuniversum.

Stoß Dich mit Deinem Fuß davon ab
und tausend neue Straßen tauchen auf.

Als ob Du bei Tagesanbruch
durch Licht segeln würdest.

SAG, ICH BIN DU

Ich bin Staubteilchen im Sonnenlicht.
Ich bin die runde Sonne.

Zu den Staubteilchen sage ich: *bleibt!*
Zur Sonne: *bleib in Bewegung!*

Ich bin Morgendunst.
Und der atmende Abend.

Ich bin der Wind in den Wipfeln von Bäumen.
Brandung an einer Klippe.

Ich bin Mast, Ruder, Steuermann, Kiel.
Und das Korallenriff, an dem sie zerschellen.

Ich bin ein Baum
mit einem dressierten Papageien in den Ästen.
Stille, Gedanke und Stimme.

Musik, die aus einer Flöte strömt.
Funke von einem Stein, Flimmern in einem Metall.

Zugleich Kerze und Motte, die wild um sie schwirrt.
Rose und Nachtigall, die sich in ihrem Duft verliert.

Ich bin alle Formen des Seins,
die kreisende Galaxie,
die Intelligenz der Evolution,
der Aufschwung, der Fall.

Ich bin das, was ist, und das, was nicht ist.
Du, der Du Dschelaluddin kennst,
Du, der Eine in Allem,

sag, wer ich bin.
Sag, ich bin Du.

BLEIB MANCHE NÄCHTE AUF

Bleib manche Nächte auf bis zur Dämmerung.
So wie es der Mond manchmal tut für die Sonne.

Sei wie ein voller Eimer,
der den dunklen Brunnen hochgezogen
und dann ans Licht gehoben wird.

DEIN VATER VERNUNFT

Das Universum ist aus göttlichem Gesetz geformt,
es ist Dein Vater Vernunft.

Wenn Du nicht Dankbarkeit dafür empfindest,
wirken die Gestalten der Welt hässlich und gemein.

Schließ Frieden mit diesem Vater,
dem eleganten Gewebe,
und jedes Erlebnis wird voll Direktheit sein.

Weil ich eben das liebe, kenne ich keine Langeweile.
Immer strömt Schönheit hervor,
ein Geräusch von Frühlingswasser
in meinem Ohr und in meinem inneren Wesen.

Äste heben und senken sich
wie die ekstatischen Arme derer,
die sich der Mystik des Lebens anvertraut haben.

Blättergeräusche sind Dichter,
die einander ganz frische Bilder beschreiben.
Die grüne Filzhülle rutscht
und der Spiegel darunter blitzt auf.

Überleg doch mal, wie das sein wird,
wenn dieses ganze Ding weg ist!
Von alledem, was ich sehe,
sage ich nur einen Bruchteil,
weil überall so viel Zweifel ist.

Die gängige Meinung zu dieser Dichtkunst ist,
dass sie voll Optimismus in die Zukunft blickt.

Doch Vater Vernunft sagt:
Nicht nötig, in die Zukunft zu blicken!
Dieses Jetzt ist es. Genau dieses Jetzt.

Dein tiefstes Bedürfnis und Sehnen wird erfüllt
durch die Energie genau dieses Augenblicks
in Deiner Hand.

HÖR NICHT AUF ZU GEHEN

Hör nicht auf zu gehen,
obwohl es keinen Ort zu erreichen gibt.

Versuche nicht,
mit Deinem Blick die Entfernungen zu durchdringen.
Das ist nichts für Menschen. Bewege Dich innen.
Aber beweg Dich nicht, wie Dich die Angst bewegt.

DER NEUE LEITFADEN

Die alte Regel besagt,
dass Betrunkene debattieren und streiten müssen.
Der Liebende ist genauso schlimm.
Er fällt in ein Loch.
Aber unten in diesem Loch findet er etwas Leuchtendes,
wertvoller als jede Menge Geld oder Macht.

Letzte Nacht kam der Mond
und ließ in der Straße die Kleider sinken.
Ich nahm das als Zeichen, um loszusingen
und in die Himmelsschüssel hinaufzufallen.
Die Schüssel bricht. Überall fällt ins Überall.
Es gibt nichts weiter zu tun.

Der neue Leitfaden ist:
Zerbrich das Weinglas
und falle zum Atem des Glasbläsers hin.

GEH ZUM BRUNNEN

Geh zu dem Brunnen.
Dreh Dich wie Sonne und Mond sich drehen.
Sie kreisen um das, was sie lieben.
Was immer Kreise zieht, kommt aus dem Zentrum.

IN DEN WELLEN UND DARUNTER

Ein Mann mit einer Kerze in der Hand
wandert mittags über den Marktplatz.
Total ekstatisch.

„Hey, soll das ein Witz sein?“,
ruft ein Ladenbesitzer, „Wen suchst Du?“

„Einen, der den göttlichen Atem atmet, das *Huuu.*“
„Na, davon steht ja eine Menge zur Auswahl hier.“

„Aber ich will einen,
der voll Wut und Verlangen sein kann,
und der trotzdem zugleich wahrer Mensch ist.“

„Eine Seltenheit! Suchst Du vielleicht in Ästen,
was nur in den Wurzeln steckt?“

Es gibt einen Fluss, der diese Mühlsteine dreht.
Menschlicher Wille ist eine Illusion.

Jene, die stolz sind auf ihre Entscheidungen
und deren Umsetzung, sind die Allerrohesten!

Schau nur, wie die Gedanken-Kessel kochen,
und dann blick zum Feuer hinunter.

Gott sagte zu Hiob:
„Du hältst viel von Deiner Geduld.
Denk jetzt einmal darüber nach,
wem Du diese Geduld verdankst."

Lass dich nicht hypnotisieren
von der Bewegung des Wasserrads.

Wende Dich ab und fixiere den Fluss.

Du sagst: „Aber dort schaue ich ja schon hin."

Es gibt Anzeichen in Augen,
die bis zum Meer hinunterblicken.
Eines ist das Erstaunen.

Jene am Ufer, die Schaum und Treibgut studieren,
haben Vorsätze, die sie Dir lang und breit erklären werden.

Jene, die bis zum Meer sehen, werden zum Meer
und können darüber nicht sprechen.

Am Strand hörst Du Sehnsuchtslieder und Wutgezeter,
den raffinierten Wortetanz der Persönlichkeit.

Doch in den Wellen und darunter
gibt es weder Eigenwillen noch Scheinheiligkeit.

Nur reine Liebe, die Formen bildet und sich entfaltet.

IM BOOT

Im Boot auf dem reißenden Fluss
fühlt es sich an,
als rasten die Uferbäume vorbei.

Der Eindruck von Veränderung rundherum
liegt aber an der Schnelligkeit,
mit der unser Gefährt diese Welt verlässt.

BEBEND VOR AUGENBLICKLICHKEIT

Bleibt zusammen, Freunde.
Zerstreut Euch nicht. Schlaft nicht.

Unsere Freundschaft
besteht aus Wachsein.

Ein Wasserrad nimmt Wasser auf,
dreht sich und lässt es weiterfließen
wie Tränen.

So bleibt das Rad im Garten.
Ein anderes Rundes rollt durch das trockene Flussbett
und sucht nach etwas, das es zu wollen glaubt.

Bleibt hier, bebend vor Augenblicklichkeit.
Wie ein Tropfen Quecksilber.

DIE STILLE DER NACHTIGALL

Eine Vogel-Delegation kam zu Salomon und beschwerte sich.
„Wie kommt es, dass Du nie die Nachtigall kritisierst?"

„Weil mein Weg ein anderer ist",
sagte die Nachtigall zu Salomon,
„von Mitte März bis Mitte Juni singe ich.
Die übrigen neun Monate, während Ihr weiterzwitschert,
bin ich in Stille."

EIN GROSSER WAGEN

Wenn ich Dein Gesicht sehe,
fangen die Steine zu tanzen an!
Du tauchst auf und alles Studieren schweift ab.
Ich verliere meinen Platz.

Wasser wird perlenartig.
Feuer lässt nach und zerstört nicht mehr.

In Deiner Gegenwart will ich nicht mehr, was ich wollte,
diese drei kleinen Hängelampen.

In Deinem Gesicht wirken die uralten Schriften
wie rostige Spiegel.

Du atmest, neue Formen erscheinen
und die Musik einer Sehnsucht,
frühlingshaft weit ausgebreitet,
beginnt sich zu bewegen,
ganz wie ein großer Wagen.

Fahr langsam.
Manche von uns, die nebenher gehen, sind lahm!

DAS ZARTE FLÄSCHCHEN

Um die Natur eines Wahren Menschen auszudrücken,
bräuchte ich einen Mund, so weit wie der Himmel,
eine Sprache, so groß wie die Sehnsucht.

Oft bricht das zarte Fläschchen in mir.
Kein Wunder, dass ich den Kopf verliere
und jeden Monat drei Tage lang
mit dem Mond zusammen verschwinde.

Für jeden, der in Dich verliebt ist,
gibt es diese Tage der Unsichtbarkeit.

Jetzt habe ich den Faden der Geschichte verloren,
die ich erzählen wollte.
Ich träume wieder davon,
als Elefant Indien zu durchstreifen.
Erzählung, Dichtkunst, zerstört,
mein Körper, ein Auflösen, eine Rückkehr.

Freund, als ich Deine Geschichte erzählen wollte,
wurde ich klein wie ein Haar.
Erzählst Du mir Deine Geschichte?

So viele Liebesgeschichten habe ich erfunden.
Jetzt fühle ich mich selbst wie ein Fantasiegebilde.
Erzähle Du mir!
In Wahrheit bist doch ohnehin Du es, der spricht.

Ich bin die Wüste Sinai,
Du bist Moses, der dort unterwegs ist.
Diese Dichtkunst ist nur ein Widerhall Deiner Worte.

Dieser Körper – ein Gerät zur Errechnung
der Astronomie des Geistes.
Blick durch dieses Sternenlabor hindurch
und werde der Ozean.

Jetzt fällt mir die Geschichte wieder ein.

Ein Wahrer Mensch starrt seine alten Schuhe an
und seine Lammfelljacke.
Jeden Tag geht er auf seinen Dachboden hoch,
um diese Arbeitsschuhe
und die verschlissene Jacke anzuschauen.
Hierin besteht seine Weisheit.
Er erinnert sich, dass hier alles aus Lehm ist,
und so berauscht er sich nicht
an Ego und Arroganz.

Zu diesen Schuhen und dieser Jacke zu gehen,
das ist sein Loblied.

Das Absolute arbeitet mit Nichts.
Die Werkstatt, die Materialien,
alles das gibt es doch gar nicht.

Versuche, ein leeres Blatt Papier zu sein,
ein Flecken Erde, auf dem nichts wächst.
Wo aber etwas gepflanzt werden könnte –
ein Same aus der Unendlichkeit.

NIEMALS SO GLÜCKLICH

Wieder Licht und der Eine, der Licht bringt!
Lebe anders!

Feuerwein aus dem Meeresbecken in jedem Becher!
Zwei oder drei längst Verstorbene wachen auf.
Zwei, drei Betrunkene werden Löwenjäger.

Sonnenlicht wäscht ein dunkles Gesicht.
Die Wahrheitsblume erblüht darin.
Wiesengras und Garten werden wieder feucht.
Ein starkes Licht massiert unsere Köpfe wie Finger.
Die einzelnen Finger sind nicht unterscheidbar.

Zieh den Riegel des Schlosses weg.
Eine Ebene fließt in die andere.
Alles heizt sich auf.
Der Topf kocht voller Leidenschaft.
Kleidung reißt es hinein die Luft.
Dichter paffen Dampfschwaden,
niemals so glücklich wie draußen im Licht!

NUR ATEM

Nicht Christ, nicht Jude, nicht Muslim, nicht Hindu,
nicht Buddhist, nicht Sufi, nicht Zen.

Nicht Religion, nicht kulturelles System.
Ich bin nicht aus dem Osten, nicht aus dem Westen.

Nicht aus dem Meer, nicht aus der Erde.
Ich bin nicht natürlich, ich bin nicht ätherisch.

Ich bestehe aus keinerlei Elementen.
Ich existiere nicht.

Ich bin kein Etwas.
Weder in dieser Welt noch in der nächsten.

Ich stamme weder von Adam und Eva ab
noch irgendeiner Entstehungsgeschichte.

Mein Ort ist ortlos, eine Spur des Spurlosen.
Weder Körper noch Seele.

Ich gehöre dem Geliebten.

Ich habe die beiden Welten als Eines gesehen.

Und dieses Eine ruft und kennt,
nur dieses erste, letzte, äußere, innere,
Atem atmende Menschenwesen.

WENN DER GELIEBTE ÜBERALL IST

Wenn der Geliebte überall ist,
ist der Liebhaber ein Schleier.

Wird aber Leben selbst zum FREUND,
verschwinden die Liebhaber.

KOMM, KOMM, WER IMMER DU BIST

Komm, komm, wer immer Du bist,
Wanderer, Götzenanbeter,
Liebhaber des Abschieds,
es spielt keine Rolle.

Wir sind keine Karawane der Verzweiflung.
Komm, auch wenn Du Deine Versprechen
schon tausendmal gebrochen hast.
Komm, und noch einmal, komm!

QUELLENANGABEN

Das Gedicht KOMM, KOMM, WER IMMER DU BIST ist eine Inschrift von Rumis Grabstätte im türkischen Konya. Seine Herkunft ist nicht gesichert.

Alle übrigen Gedichte entstammen Coleman Barks Rumi-Büchern „The Essential Rumi" und „The Soul of Rumi".

Sie gehen größtenteils zurück auf ältere englische Rumi-Übersetzungen von Nevit Ergin, Reynold A. Nicholson und Arthur John Arberry.

LITERATUR AUS DEM ARBOR VERLAG

Rumi

Durchwachte Nacht

In diesen von Christoph Engen aus der Übertragung von Coleman Barks übersetzten Gedichten lässt uns Rumi teilhaben an seiner tiefen Freude und Dankbarkeit darüber, dass es in Wahrheit nur Gottes bedingungslose Liebe gibt. Und dass wir alle selbst diese bedingungslose Liebe in unserem Innersten sind. Diese große, umfassende Liebe strömt über jede Begrenzung hinweg und dehnt sich zu allem und jedem hin aus. Die Freude der wirklichen Liebe kann gar nicht anders, als über jede Begrenzung hinauszuströmen, über jede scheinbare Trennung, über jede scheinbare Krankheit, über jeden scheinbaren Tod.

ISBN 978-3-86781-144-6

Rumi

Die Musik, die wir sind

Rumis Worte sind wie Balsam für unsere Seelen.
Legen Sie diese kleine, federleichte Sammlung von Gedichten spiritueller Tiefe auf Ihr Nachtschränkchen. Lesen Sie darin, schlafen Sie ruhig ein – und Ihre Seele geht auf Reisen.

Dschelaluddin Rumi, der große Mystiker des 13. Jahrhunderts, zeigt sich in dieser Gedichtsammlung nicht nur als Meister der Poesie, sondern auch als geistiger Lehrer und als weiser Kenner menschlichen Seins.
Wie kaum ein Mensch auf Erden wusste er, dass Gott reine Liebe ist, dass er immer bei uns ist und dass wir deswegen allen Grund haben, uns einfach zu freuen.
Die große Illusion von Trennung und Tod durchschauend, war Rumi einer der glücklichen Gottesfinder und er drehte sich in seiner Freude oftmals tanzend im Kreis. In seiner beseelten Liebe zu Gott schuf er einige der schönsten und leidenschaftlichsten Gedichte der Weltliteratur.
Perlen und Juwele dieser Dichtkunst sind in diesem Büchlein vereint – basierend auf den kongenialen Übersetzungen von Coleman Barks, übertragen von Christoph Engen.

ISBN 978-3-936855-86-9

Daniel Ladinsky

Ich hörte Gott lachen

Gedichte inspiriert von Hafiz

Hafiz begibt sich mit uns auf eine Reise, in der die Liebe alle persönlichen Begrenzungen auflöst und uns hinführt zu einem Sein ewigen Wachsens und Verwandelns. Seine Gedichte sind wie die Weisheit eines lieben, vertrauten Freundes. Seine Einsicht und sein Mitgefühl, seine subtile und ausdrucksstarke Sprache und sein undogmatischer Freigeist entführen uns in die Welt des Göttlichen.

Hafiz gilt als beliebtester Dichter Persiens. Seine Gedichtsammlung „Divan" zählt zu den Klassikern der Sufiliteratur und mystischer Poesie. Unter westlichen Gelehrten herrscht seit dem 19. Jahrhundert ein regelrechter Hafiz-Kult, die Reichweite seines Einflusses ist erstaunlich.

In freier Übertragung versteht es der Hafiz-Kenner Daniel Ladinsky, die Essenz und Inspiration einer der größten Stimmen islamischer Dichtung und Spiritualität in zeitgemäßer Sprache zu beleben. Jede Zeile seiner Verse spricht in spielerischem Übermut von tiefer Gottesliebe, profundem Wissen, Großzügigkeit und der Leichtigkeit einer großen Seele – getragen von jener überströmenden Freude, die darin gründet, Gott in allem zu begegnen.

ISBN 978-3-86781-058-6

Rachel Naomi Remen

Aus Liebe zum Leben

Acht ausgewählte Geschichten, musikalisch begleitet und gelesen von Sabine Mariss

Sabine Mariss liest acht Geschichten der Ärztin und Geschichtenerzählerin Rachel Naomi Remen aus ihrem gleichnamigen Buch Aus Liebe zum Leben – musikalisch eingefasst von eigenen Kompositionen sowie Liedern der jüdischen Komponistin Beyle Schaechter-Gottesman.

Diese CD ist eine Einladung, das Leben in seiner ganzen Fülle zu umarmen und zu feiern!

ISBN 978-3-86781-379-2